Wer glücklich lebt, ist selber schuld

Aufbruch in ein glückliches und erfolgreiches Leben

Andreas Nemeth

Wer glücklich lebt, ist selber schuld

Aufbruch in ein glückliches und erfolgreiches Leben

Nemeth, Andreas
Wer glücklich lebt, ist selber schuld
Aufbruch in ein glückliches und erfolgreiches Leben

2. Auflage 2021

Veröffentlicht im NEW-VERLAG
Illustration und Umschlag: nemeth-design-group
Herstellung: BoD – Books on Demand, Norderstedt
Bibliografische Information der Deutschen Nationalbibliothek:
Die Deutsche Nationalbibliothek verzeichnet diese Publikation in der Deutschen Nationalbibliografie; detaillierte bibliografische Daten sind im Internet über http://dnb.dnb.de abrufbar.

ISBN: 978-3-944638-06-5

INHALT

LESE-TIPP STATT VORWORT

Es gibt verschiedene Möglichkeiten dieses Buch als Glücks- und Erfolgsanleitung zu nutzen.

1. Möglichkeit: Du liest das Buch von Anfang bis Ende peu à peu durch. Zum Beispiel könntest du pro Tag ein Kapitel lesen und dich dann mit dem jeweiligen Inhalt intensiver beschäftigen.
2. Möglichkeit: Du schlägst wahllos ein Kapitel auf, liest es und beschäftigst dich dann mit diesem Kapitel.
3. Möglichkeit: Du entscheidest, wie du das Buch lesen möchtest, und mit welchen Tipps du dich intensiver beschäftigen möchtest.

Dieses Buch zeigt dir in elf Schritten Perspektiven, dein Leben begeistert, glücklich und erfolgreich zu gestalten.

Dieses Buch kann dein Leben verändern! Wenn du es möchtest und du dein Leben in die eigene Hand nimmst!

Wie auch immer du dich entscheidest, eines ist auf jeden Fall sicher:

Du hast es verdient ein begeistertes,

glückliches

und erfolgreiches Leben zu leben!

Auch du kannst deinen Traum leben!

Beweise es dir selbst!

Die Anleitung für dein begeistertes Leben

hältst du gerade in deinen Händen!

Starte durch!

LEBE PROTEST-FREI

LEBE PROTEST-FREI!

Wer begeistert, glücklich und zugleich erfolgreich leben möchte, darf zuerst seine inneren Proteste auflösen. Denn innere Proteste blockieren uns Menschen und hindern uns daran unsere Potenziale zu entdecken und zu entwickeln. Ein Protest ist nichts anderes als eine Verurteilung einer Situation oder eines anderen Lebewesens. Jeder Protest ist absoluter Unsinn. Doch die meisten Menschen halten diesen Unsinn für normal! Es ist völlig normal, andere Menschen zu verurteilen, weil sie eine andere Hautfarbe oder einen anderen Glauben haben. Es ist völlig normal, den Arbeitskollegen zu mobben, nur weil er eine andere Meinung hat. Es ist völlig normal, sich gegenseitig anzubrüllen, zu hintergehen oder zu streiten, nur weil der andere anders denkt als ich. In Wirklichkeit gibt es keinen Grund, einen anderen Menschen oder eine bestimmte Situation zu verurteilen. Hinter jeder Verurteilung steckt letztendlich die Verurteilung der eigenen Person. Stoppe diesen Unsinn bei dir und du wirst erkennen, dass du genau in diesem Moment glücklich und frei bist. Mache dir bewusst, dass du und alle anderen Lebewesen einzigartig sind. Jeder Mensch ist anders und darf auch anders sein. Interessanterweise protestieren Menschen oftmals aus sehr wohlwollenden Gründen gegen weniger erfreuliche Vorkommnisse auf dieser Welt. Doch wie sehen die Ergebnisse dieser Proteste aus? Wir protestieren gegen den Krieg! Wir protestieren gegen das Abschlachten von Robbenbabys! Wir protestieren gegen den Alkoholkonsum von Jugendlichen! Und die Ergebnisse sind: Nach wie vor gibt es Kriege, werden Robbenbabys abgeschlachtet, und es steigt der Alkoholkonsum vieler Jugendlicher. Wie wäre es, wenn wir uns für Frieden einsetzen, für den Erhalt bedrohter Tierarten und für eine gesunde Lebensweise unserer Jugend? Allzu oft haben sich in der Menschheitsgeschichte aus wohlmeinenden Protestgruppierungen radikale Gruppen gebildet, die nicht nur sich, sondern auch anderen Menschen Schaden zugefügt haben. Das muss nicht sein. Ein Mensch, der sich akzeptiert und achtet, setzt sich für den Erhalt und nicht gegen die Zerstörung der Menschheit oder anderer Lebewesen ein. Dies ist ein kleiner und dennoch gravierender Unterschied. „

Und wenn der andere mich bedroht, was dann?“ Dann wird dir dein Urvertrauen sagen, dass du den anderen um seiner selbst Willen und zum Schutz für die bedrohten Menschen schützen musst, indem du ihm hilfst seine Proteste aufzulösen. Dies kann durchaus damit einhergehen, dass eine Gesellschaft diesen Menschen einsperren wird, damit er sich und anderen Menschen kein Leid zufügen kann. Jetzt kann er seine Proteste auflösen und erkennen, welch unsinniges Spiel er gespielt hat. Im Normalfall werden die wenigsten Menschen mit solchen Protesten konfrontiert, so dass wir uns in diesem Buch mit diesen Situationen auch nicht beschäftigen müssen. Beschäftigen wir uns lieber mit den Alltagsprotesten.

Diese Verurteilungen können folgendermaßen aussehen: Der Wecker klingelt und du denkst: „Der blöde Wecker!“ Es regnet und du denkst: „Das furchtbare Wetter nervt mich!“ Dein Partner, dein Chef oder dein Kollege ist anderer Meinung als du und du denkst: „Dieser Banause!“ Das sind die Verurteilungen, die dir dein Leben erschweren und dich blockieren. Der einfachste Weg diese Verurteilungen aufzulösen ist, dass du deine gesamten Verurteilungen stoppst.

Stoppe deine Verurteilungen!

Der schnellste Weg dorthin zu gelangen ist folgender:

Erkenne deine Proteste!

Begrüße deine Proteste!

Und jetzt entscheide neu!

In der Praxis sieht das folgendermaßen aus: Dein Partner ist anderer Meinung als du und du denkst zum Beispiel: „So ein Quatsch!“ Das ist der Protestgedanke. Sobald du diesen Gedanken erkannt hast, sagst du zu diesem Gedanken: „Hallo lieber Gedanke, ich grüße dich! Genau in diesem Moment wird dir bewusst werden, dass die Meinung des anderen kein Quatsch ist, sondern allenfalls eine andere Meinung ist. Nun wirst du völlig anders reagieren als ein „normaler“ Mensch. Denn jetzt hast du Verständnis für die Meinung des anderen, wirst sachlich seine Meinung aufgreifen und deine Meinung in einem sachlichen Tonfall artikulieren. Jetzt schaffst du eine konstruktive Gesprächsatmosphäre, die es beiden Gesprächspartnern ermöglicht, in Ruhe über das jeweilige Thema zu sprechen. Immer wenn du einen Protest erkannt und diesen begrüßt hast, zeigt dir dein Urvertrauen den Weg zur optimalen Lösung der momentanen Situation. Jetzt lebst du bewusst!

Mit der folgenden Checkliste kommst du deinen Protesten auf spielerische Art und Weise auf die Spur!

Wen oder was habe ich heute verurteilt?
- z.B. Wetter, Partner, Kollege, Kinder etc.

Wie hätte ich diesen Protest begrüßen können?
- z.B. Hallo lieber Regen! Hallo andere Meinung!

Wie sähe jetzt meine Reaktion bzw. meine Handlung ohne Verurteilung aus?
- z.B. Ich genieße den Regentag und lese! Ich freue mich über die Vielfalt unterschiedlicher Meinungen und erfreue mich an der Diskussion!

Nutze dieses Schema mindestens einmal am Tag und lasse deine Proteste Revue passieren. Jetzt wirst du zukünftig in der gleichen oder in einer ähnlichen Situation ohne Verurteilung auskommen. Jede Verurteilung, die du bei dir aufgedeckt hast, wird dich in Zukunft nicht mehr blockieren. Das ist der Weg zu einem verurteilungsfreien und glücklichen Leben.

All deine Proteste zeigen dir Wege auf, ein glückliches Leben zu leben! Nutze diese Chance! Jeder Protest ist eine Erfolgs- und eine Glücksblockade. Denn jeder Protest schneidet dich von deinem Urvertrauen ab. Und dein Urvertrauen weiß immer, was jetzt genau das Richtige für dich ist.

LEBE JETZT

LEBE JETZT!

Die meisten Menschen leben ihr Leben nicht jetzt, sondern hoffen auf die Zukunft oder jammern der Vergangenheit nach. Beide Verhaltensweisen sorgen dafür, dass die Menschen am Leben vorbei leben.

Das wahre Leben ist immer JETZT!

Es gibt kein Leben in der Zukunft. Und es gibt auch kein Leben in der Vergangenheit! Jeder Gedanke an die Zukunft ist eine Illusion. Denn kein Mensch kann dir sagen, was in fünf Minuten auf dieser Welt passiert. Und kein Mensch ist in der Lage, die Vergangenheit zu ändern. Dennoch beschäftigen sich die meisten Menschen fortwährend mit der Zukunft bzw. mit der Vergangenheit. Entweder sie machen sich Sorgen über ihre Zukunft oder hoffen darauf, dass die Zukunft sie glücklicher und erfolgreicher macht. „Was kann alles passieren?“, ist ein sorgenvoller Gedanke an die Zukunft. „Hoffentlich wird alles besser!“, ist ein Wunschgedanke vieler Menschen, der sie oftmals dazu führt, jetzt nicht zu handeln. Die einzige Chance, die du hast, um glücklich und erfolgreich zu leben ist, dass du JETZT das Beste aus dieser Situation machst. Genieße den jetzigen Moment und mache dir bewusst, was jetzt ist. Und in unseren Breitengraden dieser Erde ist – JETZT – alles meistens wunderbar. Die Sorgen, die sich viele Menschen machen, sind ausschließlich Gedanken über ihre Zukunft. Sollte jetzt das Leben ein Problem in dieser Situation für dich bereithalten, dann wirst du wie alle Menschen auf dieser Erde jetzt handeln. Nehmen wir einmal an, du läufst jetzt über eine Straße und jetzt kommt ein Auto auf dich zu. Was machst du jetzt? Wahrscheinlich springst du so schnell wie möglich zur Seite. Du wirst jetzt nicht stehen bleiben und dir folgende Gedanken machen: „Ob ich das wohl überleben werde? Ich glaube, es sieht schlecht aus mit meiner Zukunft." Diese Gedanken wären in dieser Situation absolut tödlich. Das Auto in diesem Beispiel steht für die Herausforderungen bzw. Probleme, die wir in unserem Leben zu lösen haben. Es ist ganz normal, dass das eine oder andere Auto auf uns zukommt. Doch es reicht, dass wir uns mit dem Auto beschäftigen, wenn es auf uns zukommt. Was machen die meisten Menschen? Sie denken permanent an die Autos, die da kommen könnten. „Ich mache mir Sorgen über meine Altersversorgung, über meinen Arbeitsplatz, über die Zukunft meiner Kinder, über das morgige Wetter und so weiter und so weiter." Diese Gedanken sind alle hypothetisch. Sie können dir jedoch das Leben extrem erschweren. Frage dich lieber: „Was ist JETZT?" Und jetzt ist meistens alles in bester Ordnung.

Jetzt hast du allen Grund, dein Leben zu genießen und zufrieden zu sein.

„Mit meiner Vergangenheit kann ich aber nicht glücklich oder erfolgreich sein.“, ist auch ein oftmals zitierter Satz von unglücklichen und erfolglosen Menschen. Was hat die Vergangenheit mit dem Heute zu tun? Nichts oder alles? Das entscheidet jeder Mensch für sich. Natürlich kann ich vergangenen Chancen ein Leben lang hinterher jammern. Doch was nützt einem diese Verhaltensweise? Nichts! Besser ist es, aus dem jetzigen Moment das Optimale zu machen. Nicht jeder von uns hat eine traumhafte Kindheit mit allen Annehmlichkeiten aus Hollywoodfilmen hinter sich. Und dennoch gibt es Menschen, die auch ohne eine glückliche Kindheit ein glückliches und erfolgreiches Leben führen. Wie haben diese Menschen das geschafft? Die Antwort ist relativ einfach. Sie haben aus den jeweiligen Situationen das jeweils Optimale herausgeholt. Sie haben zum Beispiel in der Schule oder an der Universität oder während ihrer Ausbildung einfach gelernt. Sie haben sich sowohl beruflich als auch familiär schlicht und einfach engagiert. Sie haben sich – nicht – eingeredet, dass es mit den vergangenen „furchtbaren“ Erlebnissen keinen Sinn hat sich zu engagieren. Und glaube mir, jeder Mensch hat in seinem Leben schon Dinge erlebt, die es ihm ermöglichen würde, tausend Entschuldigungen für sein Dahinvegetieren zu liefern. Ich möchte nicht verhehlen, dass es Situationen geben kann, die man ohne fremde Hilfe nicht auflösen kann. Doch auch diese fremde Hilfe, wie zum Beispiel die Unterstützung eines Psychotherapeuten, kann ich nur in Anspruch nehmen, wenn ich die Entscheidung treffe, jetzt diese Hilfe anzunehmen.

Die folgende Checkliste ist dir – jetzt – behilflich, den jetzigen Moment zu genießen und aus dem jetzigen Moment das Beste zu machen.

Welche Gründe habe ich – jetzt – mein Leben zu genießen?
- z.B.: Ich bin gesund, ich habe Freunde, ich lebe …

Welche Sorgen bzw. welche Gedanken an die Zukunft halten mich ab, mein Leben – jetzt – zu genießen?
- z.B.: Werde ich in zehn Jahren noch meinen Arbeitsplatz haben?

Was kann ich – jetzt – gegen diese Sorgen tun?

- z.B.: Manchmal nichts, außer dass ich mir bewusst mache, dass niemand weiß, was in zehn Jahren sein wird. Sehr oft kann man sich jedoch – jetzt – engagieren bzw. weiterbilden, damit man auch in Zukunft ein gesuchter Arbeitnehmer ist.

Welche Gedanken aus der Vergangenheit erschweren mir meinen jetzigen Moment?

- z.B.: Mit meinen Schicksalsschlägen habe ich – jetzt – keine Chance glücklich zu sein.

Was hat meine Vergangenheit mit dem jetzigen Moment zu tun?

- Denke bei der Beantwortung der Frage daran, dass du faktisch nur im JETZT etwas bewegen kannst.

Was kann ich – jetzt – aus meiner Vergangenheit lernen?

- z.B.: Ich achte – jetzt – mehr auf das Genießen des Augenblicks, statt mich über irgendwelche unnötigen Sachen aufzuregen. Mein Leben ist einfach zu kostbar.

Immer wenn du deinen blockierenden Gedanken bzw. deiner Verurteilung des momentanen Augenblicks = Protest mit Hilfe dieser Checkliste auf die Spur gekommen bist, sorgst du dafür, den jetzigen Moment zu genießen und jetzt zu handeln, wenn es etwas zu handeln gibt.

Love it, change it or leave it.

LEBE AKTIV

LEBE AKTIV!

Aktiviere deine Lebenskraft!

Panta Rhei – Alles fließt!

Viele Menschen vegetieren vor sich hin und wundern sich, dass sie keine Lebensfreude und keine Energie mehr haben. Wenn du anders leben möchtest, dann sorge dafür, dass du in Bewegung bleibst. Denn Stagnation ist Stillstand und Stillstand ist Tod.

Auch wenn viele Menschen noch physisch leben, sind sie in Wirklichkeit schon tot. Jahraus, jahrein trotten sie in die Arbeit, um routinemäßig ihre Arbeit zu verrichten und trotten wieder nach Hause, um den Fernseher anzuschalten. Jetzt wundern sie sich, dass das Leben, die Arbeit und die Partnerschaft keine Freude mehr machen. Energieblockaden und Glücks- bzw. Erfolgsblockaden entstehen unter anderem auch dadurch, dass keine Bewegung mehr vorhanden ist. Der Lebensfluss gerät ins Stocken, wenn Menschen stagnieren. Ohne Engagement wird kein Mensch Spaß und Lebensfreude genießen können. Wenn du eine glückliche Beziehung haben möchtest, dann engagiere dich in dieser Beziehung. Überrasche deinen Partner mit Aktivitäten, kleinen oder großen Überraschungen bzw. Zuwendungen. Jetzt kommt Bewegung in die Beziehung und du rettest die Beziehung vor der alltäglichen Langeweile. Probiere in deinem Beruf neue Dinge aus, mache Vorschläge, wie man den Arbeitsablauf optimieren kann oder entwickle Ideen, wie dein Unternehmen seine Kunden noch mehr zufriedenstellen kann. „Das hat doch alles keinen Sinn. Meine Ideen werden so oder so nicht umgesetzt. Meine Partnerschaft ist trotzdem eingeschlafen, egal was ich bisher versucht habe“ Diese Gedanken führen zu Lethargie. Wie oft hast du es schon ausprobiert? Welche unterschiedlichen Wege bist du schon gegangen, damit deine Ideen umgesetzt werden oder deine Partnerschaft neuen Schwung bekommt? Ein, zwei, drei Mal? Das kann zu wenig gewesen sein, um Schwung in dein Leben zu bekommen. Edison hat tausend Versuchsanordnungen aufgebaut, um irgendwann mit der Entdeckung der Elektrizität und des Lichts belohnt zu werden. Gib nicht auf, dein Leben mit neuem Schwung zu versorgen. Es lohnt sich, das Leben mit neuem Elan zu genießen.

Du hast nur dieses eine Leben!

Mache was draus!

Aktiv leben bedeutet nicht, dass du dir keine Pausen mehr gönnst oder ständig aktiv sein musst. Aktiv leben bedeutet nur, dass du mit dem Leben einher schwingst, ähnlich wie das Ebbe und Flut, Tag und Nacht oder die Natur mit den unterschiedlichen Jahreszeiten tun. Genieße die Stille, wenn Stille angesagt ist. Genieße die Ruhe, wenn Ruhe angesagt ist. Entspanne dich, wenn Entspannung angesagt ist. Doch verharre nicht in Lethargie. Der Unterschied ist oftmals nicht leicht zu erkennen. Sei jetzt wachsam und fahre deine Antennen aus, damit du jetzt erkennst, ob das die Stille des Lebens ist, die du jetzt genießen kannst oder ob dies die schleichende Lethargie ist, die dich eventuell lähmt und verhindert das Leben jetzt zu genießen. Mit der folgenden Checkliste wirst du ein aktives Leben leben und die Entspannung in deinem Leben ebenfalls genießen.

In welchen Lebensbereichen hat sich lähmende Routine, Stillstand oder Lethargie eingeschlichen?

- z.B.: Partnerschaft ...

Was ist passiert?

- z.B.: Ich bin nachlässig und unachtsam gegenüber meinem Partner geworden ...

Mit welchen Aktivitäten und Handlungen kann ich wieder Schwung in diese Lebenssituation bringen?

- z.B.: Ich überrasche meinen Partner mit einem romantischen Abendessen ...

Mit welchen Aktivitäten habe ich bereits für neuen Schwung, Glück und Erfolg in meinem Leben gesorgt?

- z.B.: Als ich anfing, Tennis zu spielen, habe ich neue Kontakte geknüpft und meinen Freundeskreis erweitert.

Du wirst sehen, es macht riesengroße Freude wieder neuen Schwung in sein Leben bzw. in manche Lebensbereiche zu bringen. Wie es so schön heißt, die Lust kommt beim Essen. Auf der Couch zu sitzen und an das Joggen zu denken, ist eventuell nicht sehr motivierend. Doch nach deinen ersten Joggingrunden im Park wirst du merken, wie schön es ist, seinen Körper ein wenig aus der Reserve zu locken und welch neue Energiepotenziale freigesetzt werden.

LEBE

BEGEISTERT

LEBE BEGEISTERT!

Begeistert leben bedeutet nicht, „chaka" rufend durch das Leben zu ziehen. Du brauchst auch keinen Feuerlauf zu absolvieren, um begeistert zu leben. Wahre Begeisterung kommt von innen. Begeisterung ist nicht unbedingt ein lautes Gefühl. Begeisterung kann durchaus ein sehr ruhiges und leises Gefühl sein.

Ein Mensch, der nicht begeistert ist, hat bedeutend weniger Freude an seinem Leben als ein Mensch, der begeistert ist. Begeisterung ist das Elixier, das uns Menschen zum Erfolg trägt und immer wieder neue Kräfte in uns mobilisiert. Wie sieht es nun aus mit der Begeisterung bei den meisten Menschen? Wie sitzen die Menschen, die morgens zur Arbeit fahren in ihren Autos, in den Zügen und S-Bahnen dieser Welt? Strahlen sie Begeisterung aus? Freuen sie sich auf ihre Arbeit? Sind sie glücklich? Wer ist auf dem Weg zur Arbeit schon glücklich? Menschen, die Freude an ihrer Arbeit haben bzw. begeistert von ihrer Tätigkeit sind, zum Beispiel. Gibt es solche Menschen? Ja, natürlich gibt es solche Menschen. Es sind die Menschen, die dankbar sind für die zahlreichen Möglichkeiten, die ihnen ihr Job bietet.

Wie sieht die Begeisterung im privaten Lebensumfeld vieler Menschen aus? Strahlen sie die Begeisterung aus? Funkeln die Augen, wenn sie von ihren Kindern, Partnern und Freunden erzählen? Bei manchen Menschen spürt man schon diese Begeisterung. Doch bei vielen Menschen hören sich die Geschichten über die eigenen Kinder oder Partner eher weniger begeistert an. Woran könnte das liegen? Ist es nicht herrlich, gesunde Kinder zu haben? Ist es nicht wunderbar, einen Partner zu haben, den man liebt und auf den man sich verlassen kann? Selbst Menschen, die ein Eigenheim besitzen, klagen lieber über das Rasenmähen und den Hausputz, anstatt über die Freude am eigenen Garten und an den eigenen vier Wänden zu berichten. Ist es vielleicht sogar chic, lieber zu klagen, als begeistert über die Dinge zu reden, die man sein eigen nennen kann? Man könnte bei manchen Menschen diesen Eindruck gewinnen.

Wie gewinnt ein Mensch diese Begeisterung? Die Antwort auf diese Frage ist relativ einfach.

Sei dankbar!

Mache dir bewusst, was in deinem Leben momentan alles vorhanden ist. Das könnte zum Beispiel schon der Gedanke sein, dass du momentan gesund bist. Nur dieser Gedanke könnte bereits dafür sorgen, dass du mehr als begeistert durch dein Leben ziehen kannst. Klingt zu simpel, oder? Für einen Menschen, der momentan mit einer schweren Krankheit im Krankenhaus verweilen muss, klingt diese Aussage überhaupt nicht simpel. Er wäre mehr als begeistert, wenn er wieder gesund wäre. Eltern, die ihr Kind durch einen Unfall verloren haben, wären mehr als begeistert, wenn sie mit ihrem 14-jährigen Töchterchen diskutieren könnten, ob diese bis 23.00 Uhr oder bis 24.00 Uhr ausgehen darf. Auch eine sechs in Latein wäre für diese Eltern überhaupt kein Problem. Ein Langzeitarbeitsloser wäre extrem begeistert, wenn er wieder einen Job hätte. Du siehst, wie einfach es ist, begeistert durch sein Leben zu wandern. Allerdings wird dies den meisten Menschen erst bewusst, wenn sie die Dinge verloren haben. Ganz begeistert wird bei Beerdigungen über denjenigen gesprochen, der gerade unter die Erde gebracht wird. Das ist leider zu spät für die betreffende Person.

Damit du begeistert dein Leben genießen kannst, sei am besten – jetzt – dankbar für die Menschen und die Dinge und die Chancen, die du – jetzt – hast. Mache dir jeden Tag bewusst, wofür du heute dankbar sein kannst. Und damit du eine wunderbare Begeisterungsbasis hast, setze dich am besten jetzt hin und notiere dir alle Antworten, die dir zu diesen Checklistenfragen einfallen.

Für welche Situationen meines Lebens kann ich dankbar sein?

Welchen Menschen bin ich für was dankbar?

Für welche Erlebnisse bin ich dankbar?

Wofür bin ich meiner Familie, meinen Freunden dankbar?

Warum kann ich für meinen Job dankbar sein?

Das sind nur ein paar Dankbarkeitsfragen, die dir helfen dein Begeisterungspotenzial zu wecken. Prof. Shawn Achor von der Harvard University hat herausgefunden, dass sich unser Gehirn dank dieser Dankbarkeitsübung bereits nach 21 Tagen umprogrammieren lässt. Das gelingt uns, indem wir 21 Tage lang täglich drei Dinge aufschreiben, für die wir an diesem Tag dankbar sind. Nach diesem Zeitraum beginnt unser Gehirn die Welt nach positiven Aspekten zu scannen. Mein persönlicher

Tipp ist allerdings, diesen Tipp nicht nur 21 Tage, sondern ein Leben lang für seine persönliche Entwicklung zu nutzen.

Ein dankbarer Mensch tickt ganz anders als die meisten Menschen auf dieser Welt. Ein dankbarer Mensch sieht die Welt und seine Mitmenschen mit ganz anderen Augen. Innere Begeisterung wird immer durch Dankbarkeit erzeugt. Entfache das Feuer der Begeisterung in dir, indem du dir jeden Tag notierst, wofür du heute dankbar sein kannst. Es sind täglich eine Menge Dinge!

LEBE AGIEREND

LEBE AGIEREND!

„Du bist schuld!“

Das ist die Aussage machtloser Menschen. Sie agieren nicht mehr, sondern sie reagieren allenfalls hilflos. So macht das Leben keinen Spaß. Es ist nicht angenehm, als Opferlamm durch sein Leben zu ziehen. Und dennoch ziehen es viele Menschen vor, die Opferlammrolle zu spielen. Allerdings merken das die meisten Menschen nicht. Sie klagen und jammern sich durch ihr Leben und wundern sich, dass sie den Eindruck haben, nichts in ihrem Leben bewegen zu können. „Meine Kindheit ist daran schuld, dass aus mir nichts geworden ist.“ „Mein Partner ist schuld, dass unsere Beziehung in die Brüche gegangen ist.“ „Mein Chef ist daran schuld, dass es mit meiner Karriere nichts geworden ist.“ „Die Politik und die Konjunktur sind schuld, dass es mit meinem Unternehmen nicht so geklappt hat.“ So hören sich die Opferlammaussagen zahlreicher Menschen an. Mit eigenverantwortlichem Agieren haben diese Aussagen wenig zu tun.

„Ich hatte keine ideale Kindheit, und dennoch habe ich aus meinem Leben das Beste gemacht.“ „Meine Partnerschaft ist wieder wunderbar, weil ich mein früheres Fehlverhalten korrigiert habe!“ „Für meine Karriere habe ich mich engagiert und durfte auch meinen Chef von meinen Fähigkeiten überzeugen.“ „Die Konjunktur ist zwar nicht ideal, jedoch habe ich mein Unternehmen so aufgestellt, dass wir gemeinsam in erfolgreichen Gewässern segeln.“ Das sind die Aussagen eigenverantwortlich agierender Menschen. Wie du erkennst, haben diese Aussagen auch etwas mit dem Lebensprinzip Aktivität zu tun. Doch in erster Linie sind dies Aussagen, die unterstreichen, dass ein Mensch eigenverantwortlich in seinem Leben agiert, ohne einem Umstand oder einer anderen Person die Schuld in die Schuhe zu schieben.

Sicherlich ist eigenverantwortliches Agieren sehr oft auch mit aktivem Handeln verbunden.

Auch bei eigenverantwortlich agierenden Menschen läuft nicht immer alles glatt. Doch wie auch immer sich die Dinge entwickeln, behalten eigenverantwortlich agierende Menschen das Heft in der Hand. Und diese Vorgehensweise gibt diesen Menschen das Gefühl, ihr Leben selbst zu bestimmen. Und dieses Gefühl ist mit nichts auf der Welt zu bezahlen. Es ist das Gefühl nicht Opfer zu sein, sondern Agierender zu sein.

Jetzt bist du ein mächtiger Mensch.

Ein Mensch, der nicht der Spielball des Schicksals und anderer Menschen ist.

Wir wissen nicht, was alles in unserem Leben passiert. Doch ein eigenverantwortlicher Mensch weiß, dass er in jeder Situation selbst entscheiden kann, was er aus der jeweiligen Situation machen kann. Wunderbare Beispiele für diese Art zu leben, zeigen uns die Sportler bei den Paralympics. Oftmals durch einen schweren Unfall sind sie querschnittsgelähmt oder sie sind durch eine Krankheit erblindet, und jetzt gewinnen sie eine Goldmedaille beim Schwimmen oder beim Rollstuhlbasketball. Wie sind solche Leistungen möglich? Durch eine Entscheidung in ihrem Leben. Die Entscheidung lautet:

Ich mache das Beste aus dieser Situation!

Und wenn diese Menschen die Fähigkeit besitzen, aus ihrem Leben das Beste zu machen, dann wäre es doch gelacht, wenn nicht auch du dazu in der Lage wärst. Sicherlich gehört auch oftmals eine Menge Mut dazu, aus bestimmten Situationen das Beste zu machen. Doch letztendlich wird dieser Mut auch belohnt. Dies kann der Mut sein, vermeintlich vorgegebene Grenzen der

Gesellschaft oder auch die Erwartungshaltung anderer Menschen zu überschreiten. Dies ist nicht immer leicht, da die meisten Menschen sehr stark konditioniert sind, sich innerhalb der vorgegebenen Grenzen zu bewegen. Doch wenn du glücklicher als der Durchschnitt leben möchtest, darfst du den Mut entwickeln, die Grenzen des Durchschnitts zu durchbrechen. Aus diesem Grund treffe jetzt die Entscheidung in deinem Leben eigenverantwortlich zu agieren. Die folgende Checkliste wird dir dabei helfen.

Was habe ich in meinem Leben bereits eigenverantwortlich geleistet bzw. gemeistert?

In welchen Situationen meines Lebens habe ich mich als Opfer gefühlt?

Wie hätte in diesen Situationen die Entscheidung eines eigenverantwortlich handelnden Menschen ausgesehen?

In welchen Bereichen meines Lebens möchte ich wieder das Heft in die Hand nehmen?

Was kann ich dazu beitragen?

Mit diesen Fragen kannst du dir bewusstmachen, was du in deinem Leben bereits eigenverantwortlich geleistet und vollbracht hast. Und jeder Mensch hat in seinem Leben das eine oder andere eigenverantwortlich geleistet. Zum anderen erkennst du, ob überhaupt und in welchen Situationen du gegebenenfalls das Opferlamm gewesen bist. Mit der letzten Frage kannst du jetzt die

Entscheidung treffen, nie mehr ein Opferlamm zu sein, eben weil du für dich und deine Träume, Wünsche, Ideen und Sehnsüchte mutig eingestanden bist.

LEBE LÖSUNGS-ORIENTIERT

LEBE LÖSUNGSORIENTIERT!

„Ich hätt' da gern mal ein Problem!"

Mit dieser Aussage des Comedy Stars Bodo Bach scheinen einige Menschen durch ihr Leben zu ziehen. Sie suchen Probleme und finden diese auch zuhauf. Probleme mit den Kindern. Probleme am Arbeitsplatz. Probleme mit Kollegen. Probleme mit dem Finanzamt. Probleme mit der Bank. Probleme im Straßenverkehr. Probleme mit der eigenen Figur. Probleme, Probleme, Probleme! Das Leben kann so schön problembeladen und voller Kampf sein. Das Leben kann allerdings auch voller Lösungen sein. Und ein Leben voller Lösungen ist kein Kampf mehr, sondern ein Spiel. Ist das zu schön, um wahr zu sein?

Nein! Das kann für jeden Menschen sofort die Wahrheit sein. Das Leben wird dann ein Spiel, wenn du wie ein Lösungsdenker denkst. Ein Lösungsdenker sucht keine Probleme, sondern immer nur Lösungen. Natürlich hat ein Lösungsdenker auch Probleme. Doch meistens sind diese Situationen keine Probleme für ihn oder für sie, sondern es sind allenfalls Herausforderungen. Und schon sieht die Welt ganz anders aus. Jeder Mensch kann seine Probleme aufblasen. Dann werden sie ihn wahrscheinlich erdrücken. Ein Lösungsdenker bläst seine Probleme nicht auf, sondern er macht aus jedem Problem eine Herausforderung für sich. Und eine Herausforderung hat den entscheidenden Vorteil, dass sie uns motiviert. Ein Problem hat den Nachteil, dass es uns erdrücken kann. Jeder Mensch hat die eine oder andere Herausforderung in seinem Leben zu lösen. Das gehört nun einmal zum Leben dazu. Die entscheidende Frage bei einer Herausforderung lautet jedoch:

„Motiviert mich diese Herausforderung oder lähmt mich dieses Problem?"

Es ist ein wunderbares Gefühl, wenn du eine Herausforderung angenommen und gelöst hast. Dieses Gefühl stärkt dich und dein Selbstvertrauen. Es ist ein furchtbares Gefühl, wenn dich ein Problem erdrückt und du es nicht gelöst hast. Damit du bei jeder Herausforderung deines Lebens weiter wachsen kannst, entscheide dich jetzt, Herausforderungen als Motivationsinstrument für dich zu nutzen. Wie macht das ein Lösungsdenker? Er fragt sich in jeder herausfordernden Lebenssituation: „Wie kann ich diese Aufgabe lösen?" Ein Problemdenker fragt sich in derselben Situation: „Was kann noch alles passieren?" Sowohl bei dem Lösungsdenker als auch bei dem Problemdenker liefert das Gehirn die entsprechenden Antworten. Denn das Gehirn ist ein folgsamer Geselle. Nehmen wir einmal an, ein Mensch verliert seinen Arbeitsplatz. Auf die Frage „Was kann jetzt noch alles passieren?", liefert ein Gehirn beispielsweise folgende Antworten: „Du hast bald kein Geld mehr, um dich und deine Familie zu ernähren! Du wirst deine Wohnung verlieren! Dein Partner wird dich verlassen! Du wirst obdachlos!" Diese Gedanken wären für jeden Menschen lähmend und angstbesetzt. Welche Antworten liefert das Gehirn auf die Frage eines Lösungsdenkers „Welche Lösungsmöglichkeiten gibt es jetzt?" „Du kannst zum Arbeitsamt gehen und sehen, welche neuen Jobmöglichkeiten es gibt! Du kannst dich selbstständig bei einigen Unternehmen bewerben! Du hast die Möglichkeit einen neuen Job mit einer neuen Tätigkeit auszuüben! Du kannst dich eventuell selbstständig machen! Du kannst die Zeit nutzen, um dich weiterzubilden!" Dies sind nur ein paar denkbare Möglichkeiten, die ein Lösungsdenker in solch einer Situation zu Verfügung hat. Auf jeden Fall entwickelt das Gehirn eines Lösungsdenkers Perspektiven, die ihn motivieren und anspornen. Zigmillionen von Menschen haben bereits bewiesen, dass man auch in solchen Situationen Lösungen finden kann. Jeder Mensch, der seinen Arbeitsplatz verloren hat und wieder einer neuen Tätigkeit nachgeht, ist der Beweis für diese These. Allerdings gibt es auch Menschen, die in der gleichen Situation zerbrochen sind. Der Unterschied zwischen diesen Menschen ist die Fragestellung, die sich diese Menschen in ihrem Leben gestellt haben.

Mit der folgenden Checkliste kannst auch du deine Lösungsfähigkeit trainieren.

Welche Herausforderungen habe ich bereits in meinem Leben gelöst?

- Die Antworten sind der Beweis für deine Lösungsfähigkeit.

Welche Herausforderung habe ich momentan in meinem Leben zu lösen?

Welche Lösungsmöglichkeiten bieten sich für diese Herausforderungen an?

- Finde mindestens drei Lösungsmöglichkeiten. Jetzt hast du genügend Auswahlmöglichkeiten.

Verpflichte dich dazu, ab heute keine Probleme mehr zu haben, sondern allenfalls Herausforderungen zu meistern.

Mit dieser Vorgehensweise trainierst du dich zu einem Lösungsdenker. Ein Lösungsdenker denkt immer: „Wie könnte es gehen?“ Und selbst wenn ein Lösungsdenker ein „Problem“ sieht, dann denkt er allenfalls:

„Hurra, ein Problem!
Wie könnte ich es lösen?“

LEBE ACHTSAM

LEBE ACHTSAM!

„Wie gehst du mit dir, deinem Körper und deinem Geist um? Wie gehst du mit deinen Mitmenschen um? Wie gehst du mit Gegenständen des täglichen Lebens um? Wie öffnest du eine Tür? Wie behandelst du dein Auto? Wie legst du einen Stift auf den Tisch? Wie pünktlich bist du? Wie seifst du deinen Körper beim Duschen ein? Wie behandelst du deine Kollegen, Mitarbeiter oder deinen Chef? Wie achtsam gehst du mit deinen Kindern, deinem Partner oder deinen Freunden um?“ Die Antworten auf diese Fragen geben dir einen Hinweis, wie achtsam du dein Leben lebst!

Jede Sekunde unseres Lebens können wir dazu nutzen, unser Leben achtsam zu leben. Lohnt sich dieser Aufwand? Dieser Aufwand lohnt sich auf alle Fälle. Denn jede Sekunde unseres Lebens ist es wert, dass wir sie achtsam genießen. Letztendlich können wir unser Leben immer nur in dieser einen Sekunde leben. Anders ausgedrückt ist diese eine Sekunde unser Leben.

Das Leben besteht nur aus dieser einen Sekunde!

Unser gesamtes Leben ist letztendlich eine Aneinanderreihung unzähliger Sekunden. Und jede Sekunde, die wir achtsam genießen, ist letzten Endes ein Geschenk an uns und unser Leben. „Genieße ich das Öffnen einer Tür? Genieße ich die Fahrt in einem Auto? Genieße ich es, den Stift auf den Tisch zu legen? Genieße ich den Augenblick der pünktlichen Verabredung? Genieße ich das Einseifen des Körpers beim Duschen? Genieße ich den Umgang mit meinen Kollegen, Mitarbeitern oder Chefs? Genieße ich die Zeit mit meinen Kindern, Partnern oder Freunden?“ Wenn ja, dann genieße ich mein Leben. Wenn nein, dann genieße ich mein Leben nicht. Jeder Mensch entscheidet, ob bzw. wie und wann er sein Leben genießt!

Sieh Dir einmal die Menschen in deinem Umfeld unter diesem Gesichtspunkt an! Wie viele Menschen davon genießen ihr tägliches Leben? Wie viele Menschen genießen diese eine Sekunde? Wie viele Menschen leben ein achtsames Leben? Wie viele Menschen gehen achtsam mit sich, ihrem Umfeld, ihren Mitmenschen und ihren alltäglichen Situationen um? Wenn du wissen möchtest, wie es um die Achtsamkeit auf unserer Erde bestimmt ist, dann sieh dir am Abend die Nachrichten im Fernsehen an. Dort kannst du Abend für Abend erleben, wie achtsam oder achtlos die Menschheit mit ihrem Leben umgeht. Umweltverschmutzung, Krieg, Streit und große und kleine Ärgernisse, mit denen sich die Menschheit ihr Leben erschwert, prägen meistens den Tagesrückblick unserer Nachrichtensendungen. Das muss nicht dein Leben sein. Du kannst es ändern, wenn du möchtest. Wie? Ganz einfach! Fange jetzt an, dein Leben zu genießen!

Genieße diesen Augenblick!

Behandle dieses Buch achtsam! Blättere behutsam die Seiten um! Solltest du ein Getränk haben, genieße jeden einzelnen Schluck! Putze Dir heute Abend achtsam die Zähne! Genieße das Zubettgehen heute Abend besonders. Behandle den nächsten Menschen, mit dem du heute zu tun hast, besonders respektvoll und liebevoll. Solltest du heute noch einmal an die frische Luft gehen, genieße jeden Atemzug. Natürlich kannst du auch jetzt jeden Atemzug genießen. Wenn du morgen mit dem Bus fährst, grüße den Busfahrer mit einem bewussten, herzlichen Lächeln. Freue dich über jede Sekunde, die du heute genießen kannst. An dieser Stelle hilft es dir bestimmt, wenn du dich an das Thema Dankbarkeit erinnerst. Denn wenn du dankbar bist, fällt es dir sehr leicht, auf dich und dein Umfeld zu achten. Siehst du, so einfach ist es, ein achtsames Leben zu führen. Denn diese Anregungen führen dich im Alltag in den Zustand der Achtsamkeit. Sollte sich die gesamte Menschheit an diese Anregungen halten, dann würden die Tagesrückblicke in den Nachrichtensendungen dieser Welt ein völlig anderes Bild als das bisherige wiedergeben. Hat ein Mensch erst einmal entdeckt, wie angenehm es ist, jeden Augenblick mit Achtsamkeit zu füllen, wird es für ihn keinen Anlass mehr geben, sich anders zu verhalten. Natürlich bedarf es ein wenig Training, sich dauerhaft achtsam zu verhalten. Denn für die meisten Menschen ist es doch relativ ungewohnt, jede Sekunde oder anders ausgedrückt ihr Leben achtsam zu genießen. Folgende Fragen könnten dein Trainingsprogramm einleiten:

Warum ist es genau diese Sekunde, die ich genießen kann?

Warum ist es genau diese Tätigkeit, die ich genießen kann?

Warum ist es genau dieser Mensch bzw. dieses Lebewesen, dem ich achtsam begegnen darf?

Warum ist es genau diese Aufgabe, die ich achtsam lösen darf?

Finde deine persönlichen Antworten auf diese Fragen und du wirst merken, dass es eine Menge Gründe gibt, diese Augenblicke zu genießen und achtsam mit ihnen umzugehen.

Vielleicht wirst du auch die Kernantwort auf diese Fragen herausfinden. Solltest du sie nicht herausfinden, gib dir einfach noch ein wenig Zeit dazu. Ich bin sicher, dass du auch ohne das Herausfinden der Kernantwort eine tiefe innere Ruhe und Lebensfreude spüren wirst.

Auf jeden Fall wirst du durch dein achtsames Verhalten dazu beitragen, dass es dir und deinem Umfeld bedeutend besser gehen wird. Und schon wieder hat sich die Welt ein klein wenig verbessert. Dank dir und deiner Achtsamkeit!

Möchtest du überprüfen, ob deine Kernantwort mit meinen Gedanken übereinstimmt, dann kannst du mir eine E-Mail zukommen lassen, die ich dir gerne beantworte. Meine Adresse findest du im Anhang dieses Buches.

Und für alle, die sich jeden Morgen auf ein achtsames Leben einstimmen möchten, habe ich noch folgenden Achtsamkeits-Tipp, der sich wunderbar in den Alltag integrieren lässt. Nehme Dir jeden Morgen sieben Minuten Zeit und nutze diese Zeit entweder für eine kurze Atemübung oder für eine kleine Meditation. Sieben Minuten am Tag sind sicherlich machbar.

Wer Lust auf ein klein wenig Unterstützung für diese sieben Minuten haben möchte, kann sich zum Beispiel, die Meditations-App von 7mind auf sein Smartphone laden. Diese und sicherlich auch andere Apps erleichtern vor allen Dingen Meditationsanfängern den Einstieg in die ersten Meditationen.

LEBE NATÜRLICH

LEBE NATÜRLICH!

Wer lebt schon unnatürlich, wirst du fragen! Die Antwort lautet: Die meisten Menschen leben unnatürlich. Oder lebst du deinen Lebenstraum? Wie viele Menschen kennst du, die ihren Lebenstraum leben? Jeder Mensch, der seinen Traum lebt, lebt natürlich. Alles andere ist unnatürlich. Karlheinz Böhm lebte seinen Traum. Bill Gates lebt seinen Traum. Barack Obama lebt seinen Traum. Mutter Teresa lebte ihren Traum. Steffi Graf lebt ihren Traum. Was habe ich mit Karlheinz Böhm, Bill Gates, Mutter Teresa, Steffi Graf oder Barack Obama zu tun, wirst du fragen! Das sind ganz andere Menschen mit ganz anderen Voraussetzungen als ich. Genau so fangen die meisten Entschuldigungen und Lebenslügen an. Ich will es dir sagen, was du mit diesen Persönlichkeiten gemeinsam hast. Du hast die gleichen Voraussetzungen, die gleichen Rechte und die gleichen Möglichkeiten wie diese Personen. Die Frage ist nur, ob dir dies auch bewusst ist. Wenn ja, wunderbar. Dann kannst du dieses Kapitel überspringen. Denn dann lebst du aller Wahrscheinlichkeit nach deinen Traum. Wenn nicht, dann lohnt es sich für dich, dieses Kapitel zu lesen.

Wie sieht dein Traum aus?

Übst du deinen Traumberuf aus? Lebst du privat genauso, wie du es dir immer erträumt hast? Ist es zum Beispiel dein Traum als Gärtner zu arbeiten und du sitzt als Rechtsanwalt in einer Kanzlei? Dann lebst du anscheinend nicht deinen Traum. Ist es dein Traum als Rechtsanwalt deinen Traum zu verwirklichen und du gräbst jeden Tag ohne allzu viel Freude fremde Gärten um? Dann lebst du anscheinend auch nicht deinen Traum. Für beide Lebenssituationen gibt es eine Menge guter Gründe. Es ist auch nicht schlimm, wenn du als Rechtsanwalt deinen Lebensunterhalt verdienst, obwohl du viel lieber Gärtner geworden wärst. Es ist solange nicht schlimm, so lange du auch als Rechtsanwalt ein glückliches Leben führst und dich rundum wohlfühlst. Schlimm ist es nur, wenn du jeden Tag missmutig in deine Kanzlei gehst und hoffst, dass dein Arbeitstag schnell vorübergeht. Das würde nämlich bedeuten, dass du fünf bis sechs Tage pro Woche Frust schiebst. Und das ist kein erstrebenswerter Zustand.

Natürlich leben bedeutet, dass du dein Leben genießt und glücklich bist. Und das kannst du sowohl als Rechtsanwalt wie auch als Gärtner oder als Straßenkehrer sein. Es gibt eine Menge Menschen, die in einer anscheinend privilegierten Situation leben und dennoch nicht glücklich mit ihrer Situation sind. Diese Menschen sind Ärzte, Anwälte oder Unternehmer und möchten in Wirklichkeit etwas ganz Anderes machen. Doch wenn man sie fragt, warum sie denn nichts Anderes machen, lautet die Antwort meistens:

„Ich hatte keine andere Wahl!“

Und warum hatten sie keine andere Wahl? Weil sie von ihrem Umfeld in diese Rolle gedrängt wurden, lautet in den meisten Fällen die Antwort. Die richtige Antwort müsste allerdings lauten: „Ich habe mich von meinem Umfeld in diese Rolle drängen lassen." Wenn einem Menschen dieser Gedanke erst einmal bewusst ist, dann hat er ab sofort eine riesengroße Chance endlich sein Leben zu leben. Denn jetzt weiß er, dass er selbst die Fäden seines Lebens in den eigenen Händen halten kann. Allzu gerne lassen wir uns in irgendwelche Rollen drängen, um dann später sagen zu können, dass wir keine andere Wahl hatten. Wir vergessen allerdings, das mit diesem in eine Rolle drängen lassen oftmals eine Menge Vorteile verbunden waren, die wir gerne in Anspruch genommen haben. Im Regelfall sind dies materielle Vorteile, die wir uns durch unsere Rolle versprochen haben. Der eine macht eine Ausbildung, statt zu studieren, um schneller Geld zu verdienen. Der andere fängt lieber ein Studium an, um später ein höheres Einkommen oder eine höhere Reputation zu erzielen. Beide Entscheidungen sind vollkommen in Ordnung, solange ein Mensch mit seinen Entscheidungen zufrieden ist.

Beide Entscheidungen sind nicht in Ordnung, wenn er mit seiner Berufswahl unzufrieden ist. Aber auch für diese Möglichkeit kommt nun eine positive Nachricht. Du kannst jede Entscheidung, die du in deinem Leben getroffen hast – jetzt – ändern. Du solltest nur gewillt sein, die jeweiligen Konsequenzen zu tragen, die deine jetzige Entscheidung nach sich ziehen. Aber bitte ohne zu murren! Horche und spüre in dich hinein. Was sagt dir deine innere Stimme?

Lebst du momentan dein Leben oder wirst du gelebt?

Die Antwort ist einfach. Auch wenn du jetzt als Gärtner deinen Lebensunterhalt verdienst und du eventuell früher den Wunsch hattest eine eigene Anwaltskanzlei zu haben, kann es durchaus sein, dass deine innere Stimme – jetzt – zu dir sagt, dass alles in bester Ordnung ist, wie es ist. Wichtig ist nur, dass du dir – jetzt – bewusst machst, dass du durchaus auch als Gärtner ein glückliches und erfülltes Leben leben kannst. Das funktioniert allerdings nur, wenn du nicht ewig irgendwelchen Alternativen hinterher jammerst. Es kann aber auch sein, dass du – jetzt – die Entscheidung triffst dein Jurastudium nachzuholen, ein paar Jahre auf Sparflamme bis zum zweiten Staatsexamen leben wirst, um danach deinen Traumberuf ausüben zu können. Beide Entscheidungen sind vollkommen in Ordnung. Sie sind in Ordnung, wenn du sie aus tiefster Überzeugung triffst. Deine tiefste Überzeugung kommt aus deinem Urvertrauen, nicht aus deinem Kopf. Dein Urvertrauen führt dich zu lang anhaltenden Befriedigungen. Das ist ein kleiner, jedoch ein gewaltiger Unterschied. Erkenne und nutze ihn. Mit den folgenden Fragen kommst du deiner Natürlichkeit mit Sicherheit auf die Spur.

Wie sieht mein Wunschleben aus?

Was ist mir in meinem Leben wirklich wichtig?

Lebe ich mein Leben oder lebe ich ein Leben, das mir vermeintlich von außen angetragen wurde? *(Materiell gesteuert, imagegesteuert, bequemlichkeitsgesteuert usw.)*

Bin ich bereit, irgendwelchen vergangenen Chancen nicht mehr hinterher zu jammern und mein Leben, so wie es ist, zu genießen?

Oder möchte ich definitiv etwas in meinem Leben ändern?

Wenn ja, was?

Und wenn ja, bin ich bereit die entsprechenden Konsequenzen zu tragen?

Sicherlich merkst du schon, dass jede deiner Entscheidungen immer mit Konsequenzen verbunden ist. Wenn du wirklich ein natürliches, also dein Leben leben möchtest, dann freue dich darüber, dass du entscheiden kannst, die Konsequenzen zu tragen. Das ist deine ganz persönliche Freiheit. Jetzt bist du nicht mehr der Spielball deines Umfelds. Jetzt bist du der Spielmacher deines natürlichen Lebens!

LEBE CHANCEN-ORIENTIERT

LEBE CHANCENORIENTIERT!

Schweinegrippe, Vogelgrippe, Finanzkrise, Waldsterben, Ölkrise. Was haben diese Begriffe gemeinsam? Eine Menge! Erstens hat die Menschheit diese Horrorszenarien alle überlebt. Zweitens haben sich aus diesen Horrorszenarien enorme Chancen für die Menschheit entwickelt. Und drittens können wir erkennen, dass letztendlich jede Herausforderung neue Chancen in sich trägt. Genau so denkt ein Chancendenker.

Schweinegrippe: Neue Impfstoffe werden erforscht

Finanzkrise: Die Marktmechanismen werden verbessert

Waldsterben: Der Schadstoffausstoß wird reduziert

Arbeitslosigkeit: Durch Weiterbildungen bzw. Umschulungen bekomme ich einen neuen Job

Firmenpleite: Neue Geschäftsideen sind die Rettung
Ehekrise: Ein achtsamer und liebevoller Umgang wird uns helfen.
Ölkrise: Neue Energiequellen werden erschlossen

Diese und noch andere Chancen haben sich aus den oben genannten Krisen ergeben bzw. können sich ergeben. Ein Chancendenker denkt immer wieder an Chancen und produziert somit auch immer wieder neue Chancengedanken in seinem Gehirn. Ein Nicht-Chancendenker produziert andere Gedanken in seinem Gehirn.

Schweinegrippe: Ausrottung der Menschheit
Finanzkrise: Zusammenbruch aller Wirtschaftssysteme
Waldsterben: Eliminierung aller Pflanzen – somit Ausrottung aller Lebewesen
Arbeitslosigkeit: Verlust der Existenzgrundlage
Firmenpleite: Wir stehen vor dem Nichts
Ehekrise: Das Aus für die Partnerschaft – Einsamkeit
Ölkrise: Stillstand aller Benzin angetriebenen Fortbewegungsmittel – Explosion der Energiepreise

Du entscheidest, welche Gedanken in deinem Leben überwiegen, die chancenorientierten oder nicht chancenorientierten. Wie entscheidest du das? Ganz einfach! Indem du kontrollierst, worauf du dich in deinem Leben – jetzt – konzentrierst! Konzentrierst du dich auf die Schwierigkeiten, Probleme, Müllhaufen des Lebens und Perspektivenlosigkeiten, dann darfst du dich nicht wundern, dass es in deinem Leben dementsprechend so aussieht. Konzentrierst du dich hingegen auf die Chancen, die sich in deinem Leben – jetzt – bieten, dann darfst du dich nicht wundern, dass du ein Leben voller Chancen lebst und siehst. Die alles entscheidende Frage in deinem Leben lautet: Worauf konzentriere ich mich – jetzt?

Wenn du einen Misthaufen in deinem Leben siehst, hast du mindestens zwei Möglichkeiten diesen Misthaufen zu betrachten. Die erste Möglichkeit ist folgende: Was stinkt hier so? Die zweite Möglichkeit ist: Wie kann ich diesen Misthaufen als biologisches Düngermittel einsetzen? Bei der ersten Möglichkeit werden dich der Gestank und der Misthaufen stören. Bei der zweiten Möglichkeit wird dich die Möglichkeit erfreuen, einen

Misthaufen gefunden zu haben. So einfach ist der Unterschied zwischen einem Chancendenker und einem Nicht-Chancendenker zu erklären.

Ein Chancendenker sieht immer wieder neue Chancen in seinem Leben! Ein Nicht-Chancendenker sieht immer wieder neue Bedrohungen.

Welche Chancen bieten sich mir – heute?

Das wäre doch eine wunderbare Frage für den heutigen Tag, oder? Und damit du dir immer wieder diese Frage stellen kannst, beantworte dir am besten gleich die folgenden Fragen, die dich zu einem Chancendenker werden lassen bzw. dafür sorgen, dass du ein solcher bleibst.

Welche Chancen hat mir mein Leben bisher geboten?

Welche Chancen haben mir meine Mitmenschen bisher geboten?

Welche Chancen habe ich an mir vorbeiziehen lassen?
- Vorsicht! Jetzt nicht depressiv werden, sondern lieber überlegen, welche Chancen sich aus dieser Frage – jetzt – ergeben.

Welche Chancen habe ich in meinem Leben bereits genutzt?

Welche Chancen ergeben sich – jetzt – aus meiner momentanen Lebenssituation?

Wie könnte ich mein Chancendenken dauerhaft verankern?

Hast du die Chance genutzt, die Fragen zu beantworten. Wenn ja, prima! Wenn nicht, kein Problem, dann hast du – jetzt – noch die Chance! Nutze sie!

LEBE ERFOLGREICH

LEBE ERFOLGREICH!

Bin ich es wert, erfolgreich, und glücklich zu sein?

Das ist die Schlüsselfrage für Erfolg, Glück und Reichtum. Die meisten Teilnehmer meiner Seminare beantworten diese Frage spontan mit einem „Ja“. Doch bei genauerem Nachfragen wird aus dem „Ja“ ein „Jein“ oder sogar ein „Nein“. Und genau bei diesem „Jein“ oder auch „Nein“ liegt die Wurzel allen Übels. Könnte ein Neugeborenes uns auf diese Frage antworten, würde es mit einem deutlichen „Ja, natürlich bin ich es wert, erfolgreich, glücklich und reich zu sein!“ antworten. Nicht der geringste Zweifel käme diesem kleinen Erdenbürger in den Sinn. Jeder Zweifel wäre auch ein absoluter Unsinn. Und genau dieser Unsinn steckt in den Köpfen der meisten Erwachsenen und leider auch schon in den Köpfen der heranwachsenden Menschen. Wer in aller Welt hätte einen Grund, dafür zu sorgen, dass irgendein Mensch es nicht wert ist, erfolgreich, glücklich und reich zu sein. In Wirklichkeit gibt es keinen Grund, dass ein Mensch es nicht verdient, erfolgreich, glücklich und reich zu sein. Doch aus unerfindlichen Gründen vermittelt jede Generation der nachkommenden Generation dieses Gefühl, nicht würdig zu sein, Erfolg, Glück und Reichtum bedingungslos genießen zu dürfen. Sätze wie „Das hast du nicht verdient!" oder „Das hast du noch nicht verdient!" vermitteln vielen Menschen dieses Gefühl. „Du bist nichts!" „Du hast noch nichts oder nicht genügend geleistet!" „Dein Reichtum funktioniert nur auf Kosten der Armut von anderen Menschen!" „Freue dich nicht zu sehr über deinen Erfolg, sondern denke lieber an die vielen Menschen, denen es nicht so gut geht wie dir!" Diese und ähnliche Sätze vermitteln vielen Menschen das Gefühl, es eben doch nicht wert zu sein.

Betrachten wir diese Sätze einmal etwas genauer.

„Das hast du nicht oder noch nicht verdient!"

Die entscheidende Frage hierzu könnte lauten:
„Warum nicht?"

„Du bist nichts!"

Wer oder was muss ich denn sein, um glücklich sein zu dürfen, wäre eine
interessante Frage.

„Du hast noch nichts oder nicht genügend geleistet!"

Wie viel muss ich denn leisten, um das Recht zu erlangen, glücklich und reich sein zu dürfen?
Wer bestimmt das überhaupt,
und mit welchem Recht?

„Freue dich nicht zu sehr über deinen Erfolg, sondern denke lieber an die vielen Menschen, denen es nicht so gut geht wie dir!"

Was haben denn andere Menschen davon, wenn ich mich nicht so sehr über meinen Erfolg, meine Gesundheit oder über mein Glück freue?

„Dein Reichtum funktioniert nur auf Kosten der Armut von anderen Menschen!"

Was hat mein Reichtum mit der Armut anderer Menschen zu tun? Er hat nur etwas mit der Armut anderer Menschen zu tun, wenn ich mich unredlich an anderen Menschen bereichere. Doch wer tut das schon?

Alle Reichen! Falsch! Genau das ist der falsche Grundgedanke, der sehr vielen Menschen vermittelt wird. Die meisten reichen Menschen sorgen im Gegenteil dafür, dass andere Menschen ebenfalls zu Reichtum kommen können. Jeder Unternehmer sorgt mit dem Schaffen von Arbeitsplätzen für eine Menge Reichtum bei seinen

Mitarbeitern. „Die da oben beuten uns nur aus!" Dieser Gedanke führt in die Armut und Wertlosigkeit. Wie wäre es mit diesem Gedanken: „Die da oben geben uns die Möglichkeit, etwas aus unserem Leben zu machen! Denn sie sorgen dafür, dass wir arbeiten können, Geld verdienen und somit die Grundlagen schaffen können, uns eine eigene Existenz voller Reichtum und Glück aufzubauen." Dieser Gedanke ist ungewöhnlich und nicht sehr weit verbreitet. Doch für einen Großteil der Unternehmer ist dieser Gedanke zutreffend. Die deutliche Botschaft zu diesen Gedanken könnte demnach lauten: Werde so reich, wie es irgendwie geht, damit du anderen Menschen helfen kannst, ebenso reich zu werden oder wenigstens ihnen helfen kannst, nicht unter der Armutsgrenze zu leben. Nur wenn du richtig reich bist, kannst du anderen auch wirklich helfen. Du und alle Menschen auf dieser Erde haben es verdient, erfolgreich, glücklich und reich zu leben. Gehe du den ersten Schritt und sorge dafür, dass alle Menschen zu Reichtum gelangen, indem du dir selbst gegenüber bedingungslose Wertschätzung entgegenbringst. Jeder Mensch, der sich selbst gegenüber diese bedingungslose

Wertschätzung entwickelt, entwickelt automatisch auch allen anderen Menschen gegenüber diese bedingungslose Wertschätzung. Jeder zusätzliche erfolgreiche und glückliche Mensch ist ein Mensch mehr, der für den Reichtum und das Glück auf dieser Erde sorgen kann.

Die folgende Checkliste hilft dir, bedingungslosen Erfolg, bedingungsloses Glück und bedingungslosen Reichtum zu erlangen. Das ist keine Aufgabe für einen Tag, sondern du darfst dich mit diesen Themen eine ganze Weile beschäftigen. Ich kann dir nur versprechen, es lohnt sich für dich und die Menschheit.

Welche Gedanken halten mich ab, mich bedingungslos zu lieben und wertzuschätzen?

Was wurde mir in meinem Leben diesbezüglich eingeredet?

Wer hat mir das eingeredet?

Was hat dieser Mensch mit meinem jetzigen Leben zu tun?

Welche Möglichkeiten habe ich jetzt, erfolgreich, glücklich und gesund zu leben?

Warum habe ich und alle anderen Menschen es verdient, erfolgreich, glücklich und gesund zu leben?

Was bin ich bereit für meinen Erfolg, mein Glück und meine Gesundheit zu leisten?

Wie möchte ich mit meinem Erfolg, meinem Glück und meinem Reichtum anderen Menschen helfen, ebenfalls erfolgreich, glücklich und gesund zu leben?

LEBE GLÜCKLICH

LEBE GLÜCKLICH!

Das Ziel aller Menschen ist es glücklich zu leben. Die entscheidende Frage für jeden Einzelnen lautet:

„Lebe ich auch glücklich?“

Wie du in diesem Buch bereits erfahren hast, genügt es für ein glückliches Leben nur in einem Moment glücklich zu leben. Weißt du noch welcher Moment dies ist? Ja, genau! Es ist dieser Moment, der jetzige Moment! Und je nachdem wie viele Momente im Jetzt glücklich erlebt werden, fällt die Glücksanalyse am Ende eines Lebens aus. Damit es möglichst viele Glücksmomente in deinem Leben sind, habe ich dieses Buch geschrieben.

Es sind nicht unbedingt die großen Glücksmomente, die unser gesamtes Leben beeinflussen. In Wirklichkeit sind es die zahlreichen, kleinen Glücksmomente, mit denen wir unser Leben glücklich gestalten. Natürlich gehören zu diesem Leben auch die Herausforderungen und Aufgaben, die uns das Leben stellt. Und diese Aufgaben und Herausforderungen können eben zu unserem Glück oder auch zu unserem Unglück beitragen. Ob Glück oder Unglück, das entscheidet letztendlich jeder Mensch für sich selbst. Mit den Tipps in diesem Buch hast du den Schlüssel in deiner Hand, um dein Leben glücklich gestalten zu können. Das Buch selbst entscheidet natürlich nicht darüber, ob du ein glückliches oder unglückliches Leben führst. Du alleine entscheidest darüber. Wendest du die Tipps in diesem Buch an oder nicht? Das ist die alles entscheidende Frage! Aus eigener Erfahrung und der Erfahrung zahlreicher Seminarteilnehmer kann ich wirklich sagen, dass die Tipps, die in diesem Buch stehen, tatsächlich einen entscheidenden Einfluss auf den Glückszustand eines Menschen haben. Immer wieder werde ich gefragt, ob ich denn meine Tipps auch selbst zu 100 % anwende und ob in meinem

Leben tatsächlich immer alles glatt verläuft. Meine Antwort: Ich kenne niemanden, der diese Tipps zu 100 % anwendet, und ich kenne auch niemanden, in dessen Leben immer alles glatt verläuft. Auch in meinem Leben ist nicht alles glatt verlaufen und auch ich habe eine Menge an Herausforderungen und Aufgaben zu meistern gehabt und dies wird sicherlich auch in Zukunft der Fall sein. Auch mir gelingt es nicht immer, alle Tipps zu 100 % umzusetzen. Doch jedes Mal, wenn es mir gelungen ist, die Tipps, die ich in diesem Buch zusammengefasst habe, umzusetzen, waren meine Bemühungen von Erfolg gekrönt, und ich habe wieder einen Glücksmoment mehr in meinem Leben genießen können. Denn jede Herausforderung, die wir in unserem Leben gemeistert haben, trägt zu unserem persönlichen Glücksempfinden eine Menge bei. Ein Leben ohne Herausforderungen und Aufgaben wäre nicht unbedingt ein sehr glückliches Leben. Freue dich also über jede Herausforderung und Aufgabe, die dir dein Leben stellt, und nutze die Tipps aus diesem Buch spielerisch dazu, diesen Herausforderungen und Aufgaben mit einer gewissen Leichtigkeit des Seins und Gelassenheit zu begegnen. Sollte dir dieses Buch hierbei geholfen haben bzw. helfen, dann hat sich die Lektüre dieses Buches für dich auf jeden Fall gelohnt. Für mich hat sich das Schreiben dieses Buches auf jeden Fall gelohnt. Denn es hat mir große Freude bereitet, dieses Buch zu schreiben und es hat auch mir geholfen, die eine oder andere Denkweise etwas genauer zu durchleuchten und zu betrachten. Und dieses Durchleuchten und Betrachten hat mich auf jeden Fall ein Stück weitergebracht und natürlich auch sehr glücklich gemacht. Und genau dieses Glück wünsche ich dir – jetzt!

Der bereits in diesem Buch erwähnte Shawn Achor hat in einer weiteren Untersuchung festgestellt, dass glückliche Menschen im Durchschnitt erfolgreicher sind als unglückliche Menschen. Es ist ein Denkfehler zu glauben, dass wir erst erfolgreich sein müssen, um begeistert und glücklich zu sein. Laut Shawn Achor ist es genau umgekehrt. Und daher wünsche ich Dir:

Das Glück des Augenblicks!

DANKE

DANKE!

Ich möchte mich ganz herzlich bei allen Lesern dieses Buches bedanken. Denn ohne Leser gäbe es auch dieses Buch nicht. Danke möchte ich auch allen Seminarteilnehmern sagen, die mir durch ihre Mitarbeit, ihre Diskussionsbeiträge und Lebensgeschichten immer wieder neue Einsichten vermitteln, die meinen Erfahrungsschatz erweitern und dazu beitragen, dass ich unzählige Glücksmomente erleben darf.

Ein ganz besonderer Dank geht an meinem Freund Lothar Wolf, der mich mit seinen Gedanken, Ideen und Gesprächen jedes Mal bereichert und mich auch angespornt hat, dieses Buch zu schreiben. Er hat mich auf die Idee gebracht, die Dinge kurz und knackig auf den Punkt zu bringen und ein Buch zu schreiben, das nicht durch die Quantität der Seitenanzahl überzeugt, sondern durch die Qualität des Inhaltes.

Dreifache Mutter und doch schon wieder als Autoren-Coach tätig, das verdient ganz besonderen Dank. Und dieser Dank geht an meine Tochter Johanna mit ihren süßen Kindern Carla Maria, Marta Ilaria und Hugo Matteo. Dank der Ruhe- und Schlafpausen der Kids ist es ihr überhaupt möglich gewesen, dieses Buchprojekt zu betreuen und zu begleiten.

Ein weiterer Glücksmoment in meinem Leben ist natürlich meine Frau Jutta, die mir immer wieder die Freiräume schafft, neben meiner Seminartätigkeit auch noch in der Lage zu sein, Bücher zu schreiben. Dankeschön!

Ohne Buchdruckereien, Photographen, Postboten, Buchhandlungen und Lektoren gäbe es dieses Buch nicht. Ein ganz großes Dankeschön an alle Menschen, die direkt oder auch indirekt an diesem Buch beteiligt sind.

ÜBER DEN AUTOR:

Andreas Nemeth hat seine Berufung zum Beruf gemacht. Seit über 25 Jahren unterstützt er Menschen und Unternehmen in ihrer Entwicklung. Er hat Spaß daran, Menschen aus ihrer Reserve zu holen und ihnen zu zeigen, welche enormen Potenziale in ihnen schlummern.

Bei all seinen Teilnehmern erkennt er sofort die oftmals vor sich hin schlummernden Potenziale und versteht diese mit seiner von ihm entwickelten Nemeth-Potenzialmethode© zu wecken und mit seinem Know-how zu ergänzen. Als wegweisend für die zwischenmenschliche Kommunikation gilt heute schon das Nemeth-Kommunikationsmodell© von Andreas Nemeth.

Unabhängig ob es die Kommunikation zwischen Verkäufer und Kunde, zwischen Führungskraft und Mitarbeiter oder zwischen privaten Partnern ist, Andreas Nemeth zeigt ihnen den Weg der dauerhaft erfolgreichen Kommunikation.

Mit seinen JABALANCE®-Potenzialprinzipien ist es ihm gelungen, jedem Menschen Wege aufzuzeigen, die es ihm möglich machen, glücklich und erfolgreich zu sein. Seine PLUS-Trainingsmethode© gilt als wahre Innovation der bisherigen Trainerausbildungen. In seinen Bestsellern und zahlreichen Publikationen in Fach- und Publikumszeitschriften begeistert er seine Leser immer wieder aufs Neue für seine Erfolgswege der Kommunikation und Persönlichkeitsentwicklung.

KONTAKT ZUM AUTOR:

Andreas Nemeth freut sich über Ihre Erfahrungen, Erlebnisse und auch über Ihre Fragen. Sie erreichen ihn unter:

Nemeth
Training + Beratung
Postfach 1930
97688 Bad Kissingen
Telefon: +49.(0)971. 65184
Telefax: +49.(0)971. 60456
E-Mail: info@nemeth-training.de
Website: www.nemeth-training.de

BÜCHER VON ANDREAS NEMETH

Lebensgewinner
So motivieren und kommunizieren Lebensgewinner

Begeistere Dich selbst!
So mixen Sie Ihren persönlichen Begeisterungscocktail

So macht Verkaufen richtig Spass
Bühne frei für Ihren Auftritt

Der begeisterte Verkäufer!
Ein Lebensgefühl als Strategieansatz für erfolgreiches Verkaufen

Kunden gibt's, die gibt's gar nicht
Schwierige Kunden? Kein Problem!

Die Serviceoase
Traum oder Wirklichkeit?

Glücklichsein in jeder Lebenssituation
So werden Sie Ihr eigener Glückscoach

Erfolg fällt nicht vom Himmel
...oder vielleicht doch?

MEINE NOTIZEN